UNA MEJOR MANERA

DE ORAR

Andrew Wommack

Introducción a una mejor manera de orar
© 2022 por Andrew Wommack

Publicado por Andrew Wommack Ministries, Inc. Todos los derechos reservados.
1 Innovation Way
Woodland Park, CO 80863
awmi.net

Título en inglés: *Introduction to A Better Way to Pray*
© 2022 por Andrew Wommack
Publicado en asociación entre Andrew Wommack Ministries y Harrison House Publishers
Woodland Park, CO 80863 – Shippensburg, PA 17257

El texto bíblico se tomó de la Reina-Valera 1995, versión *Reina-Valera 95*® © Sociedades Bíblicas Unidas, 1995. Utilizado con permiso.

Todo el énfasis dentro de las citas bíblicas es del autor.

Traducción: Citlalli Macy

ISBN: 978-1-5954-8527-4

Contenido

Introducción

Cuando los discípulos le preguntaron a Jesús cómo debían orar, nuestro Señor enfrentó los mitos y conceptos erróneos sobre la oración en su época. De hecho, pasó bastante tiempo refutando las ideas falsas y argumentando lo que no es la oración antes de decirles la manera correcta de orar. El sistema religioso se había vuelto tan hipócrita y falso, que el Señor tuvo que cambiar las ideas de la gente respecto a la oración, antes de poder enseñarles realmente lo que es.

El contenido de este libro de bolsillo no enseña *La única manera de orar*, tampoco dice que *Tú no obtendrás ningún resultado si no oras de esta manera*, más bien muestra **Una mejor manera de orar**. Compartiré algunas cosas que podrían ofenderte, pero permíteme preguntarte esto: si la manera en que estás orando no está produciendo buenos resultados, ¿por qué te resistes a cambiar en esta área? Ten la seguridad de que, si te piso los callos, ¡el Señor te los sanará!

Todo lo que estoy refutando, yo lo he practicado. Aun así, Dios me amaba y yo lo amaba a Él. Teníamos una buena relación a pesar de que yo practicaba estas cosas. Sin embargo, ahora soy mucho más eficiente para ver las manifestaciones de las respuestas a mis oraciones como nunca en mi vida.

No soy el ejemplo perfecto, y no he llegado a la meta, pero ya arranqué. Creo que lo que el Señor me ha revelado por medio de Su Palabra realmente te bendecirá. Aunque puede ser diferente a todo lo que has aprendido con anterioridad, estoy seguro de que encontrarás, *¡Una mejor manera de orar!*

Capítulo 1

A los hipócritas les encanta orar

La oración es el aspecto de la vida cristiana del que más se ha abusado hoy en día. Las interpretaciones erróneas sobre ella han arruinado espiritualmente a más personas que cualquier otra cosa. Por eso creo que Jesús enseñó lo que la oración no es antes de enseñar lo que la oración es (Mt. 6:5-13). Si Él no hubiera refutado los conceptos religiosos relacionados con la oración, la gente nunca habría sido capaz de comprender lo que realmente es. En primer lugar, Él reveló que a los hipócritas les encanta orar:

> *Cuando ores, no seas como los hipócritas, porque ellos aman el orar de pie en las sinagogas y en las esquinas de las calles para ser vistos por los hombres; de cierto os digo que ya tienen su recompensa.*
>
> Mateo 6:5

La mayoría de los creyentes no asocian a los hipócritas con la oración. Piensan: «Si estás orando, ¿qué podría estar mal?»

3

¡Mucho! El hecho de que comiences con las palabras «Padre nuestro» y concluyas con «Amén» no significa que sea una oración bíblicamente sólida.

Los fariseos de la época de Jesús habían convertido la oración en una «calistenia» religiosa. Hoy en día la gente la utiliza para calmar sus conciencias o la practican para manipular y motivar a Dios para que actúe en su favor. Esto está mal, mal, mal.

La actitud del corazón detrás de tu oración le interesa a Dios mucho más que las palabras que en realidad dices. El hecho de que pases una hora o más, en lo que llamas «oración» no significa que estés logrando algo. Si tu actitud es incorrecta, ¡estás orando mal!

Si no estás viendo los resultados deseados en tu vida de oración, revisa tus motivos. Si no tienes la actitud de corazón correcta, no importa lo que hagas. Orar en lenguas, profetizar, tener toda la fe, dar tus posesiones a los pobres o incluso dar tu vida, no te servirá de nada si lo haces sin la clase de amor de Dios (1 Co. 13:1-3).

> La actitud del corazón detrás de tu oración le interesa a Dios mucho más que las palabras que en realidad dices.

Dios ya actuó

La mayoría de los cristianos ven la oración como una oportunidad para hacer que Dios «haga algo». Creen que Él puede hacer cualquier cosa, pero que no hará mucho hasta que ellos oren. Con esta mentalidad, usan la oración como una palanca para, en cierto sentido, apalancar y abrir las ventanas del cielo y hacer que Él haga algo. Si esto es lo que tú crees, tu vida de oración descansa sobre una base extremadamente defectuosa. La oración no consiste en torcerle el brazo de Dios para que haga algo; más bien consiste en recibir por fe lo que Él ya ha hecho.

Alguien podría preguntar: «¿qué ha hecho Dios?» ¡Todo lo que va a hacer! Él actuó de una vez por todas en la muerte, sepultura y resurrección de Jesucristo. Por medio de la expiación, Dios ya ha perdonado y sanado a cada persona que alguna vez será perdonada o sanada. Él ya no tiene que levantar ni siquiera su dedo meñique para causar una curación o salvación.

> La oración no consiste en torcerle el brazo de Dios para que haga algo; más bien consiste en recibir por fe lo que Él ya ha hecho.

En lo que concierne a Dios, los pecados de todo el mundo ya han sido perdonados (1 Jn. 2:2). El sacrificio perfecto del Cordero se encargó de una manera decisiva de los pecados pasados, presentes y futuros de todos los creyentes y los no creyentes. Esto no significa que todos son «automáticamente» salvados (o sanados). La Palabra de Dios proclama claramente: «*Por tanto, de la manera que habéis recibido al Señor Jesucristo, andad en él*» (Col. 2:6). Cada individuo debe recibir por sí mismo por fe lo que Jesucristo ha provisto. Un regalo dado no se disfruta hasta que se recibe.

De la misma manera que tú te apropias y recibes el perdón de los pecados, así recibes la sanidad, la liberación, la prosperidad y todo lo demás. Cristo ya hizo una provisión completa para la vida abundante por medio de su expiación. Ahora no depende de Él hacerlo, sino de ti para recibirlo.

Es la hora del taladro

La mayor manifestación del poder de Dios vino cuando naciste de nuevo. Por naturaleza, tú eras un hijo del diablo. Él tenía derechos y reclamos legales sobre ti. Como ciudadano del reino de las tinieblas, el enemigo dominaba legalmente tu vida. En el momento de tu salvación, tú no habías estado ayunando, orando, estudiando la Palabra, asistiendo a la Iglesia, pagando los diezmos o viviendo una vida santa. Sin embargo, sin ningún esfuerzo de tu parte, recibiste el milagro más grande de todos. Sucedió porque creíste que ya estaba hecho. ¿Cómo podrías dudar de que Dios haría lo que ya había hecho?

¡El Evangelio es buenas nuevas (lo que Dios ha hecho) no la «buena profecía» (lo que va a hacer)! Las «noticias» en un periódico sucedieron en el pasado. La pregunta no es: ¿te salvará Dios? sino ¿aceptarás su salvación? El regalo ha sido dado, pero, ¿lo recibirás?

Antes de que Jesús enseñara lo que es la oración, reveló lo que no es. Apliquemos un taladro a nuestros cimientos defectuosos y deshagámonos de ellos, ¡solamente nos están estorbando!

Capítulo 2

¿Cuánto tiempo oras?

L a mayoría de la gente cree básicamente que mientras más tiempo oras, es mejor y Dios te responderá más. Por lo tanto, concluyen que orar más tiempo es la solución para todo. Amigo, no hay absolutamente ninguna virtud en las oraciones largas.

La oración se convierte en una práctica religiosa cuando tratas de utilizarla para algo que Dios nunca se propuso. Tú puedes prometerle a Él: «¡Voy a orar una hora al día, aunque me mate!» y hacerlo durante una semana o un mes o dos. Pero nunca dura, porque ese no es el modelo al que Él te está guiando. No te engañes pensando que serás escuchado orando por largos períodos de tiempo o usando ciertas palabras para pedirle una y otra vez. El Señor dejó muy claro que eso no es la oración (Mt. 6:7).

Una comunión constante

Algunas personas tratan de que su relación con Dios sea constantemente algo espectacular. Piensan que deben gritar a todo pulmón, arrodillados, con las manos levantadas, con lágrimas que se les escurren por las mejillas, relámpagos relumbrando y truenos cayendo alrededor, para poder «estar realmente en comunión con Dios». Si eso es lo que consideras «oración» nunca vas a prosperar.

¡La oración es comunión con Dios! Es convivencia, relación e intimidad con Él. Es conversación. La oración es tanto hablar como escuchar. El noventa y cinco por ciento del tiempo que paso en oración, sólo estoy agradeciendo, amando, alabando, apreciando y pasando el rato con el Señor, nada especial ni espectacular. La mayor parte de la oración es simplemente platicar con Dios.

> **¡La oración es comunión con Dios!**

La expresión de esta comunión no tiene que ver con cuánto alces la voz o con ciertas posturas que adoptes. En la Biblia, la gente se arrodillaba, levantaba las manos e incluso a veces miraban al cielo, pero no es un requisito para que algo se considere como «oración». No tiene que ser así para agradar a Dios. Puedes orar con los ojos abiertos o cerrados, con las manos levantadas o bajadas, de pie, de rodillas o postrado. Como la meditación es oración (Sal. 5:1), ¡ni siquiera tienes que hablar en voz alta! Tu comunión con Dios debe ser constante. Deberías ser capaz de orar mientras conduces por la calle (con los ojos abiertos, por supuesto), trabajas, cuidas de tu casa, lavas la ropa, etc. Sé creativo y encuentra formas de estar en comunión con Él durante todo el día.

¿Sabes apreciar a Dios en las cosas pequeñas? ¿O siempre estás tratando de hacer algo espectacular o grandioso para establecer intimidad con Él? ¡No puedes mantener tu relación de esa manera! Adán y Eva paseaban en el huerto en el fresco de la tarde con Dios. Estoy seguro de que sus conversaciones consistían en: «Padre, hoy he visto una flor que nunca había visto antes. Has hecho una gran obra». Eso es la oración. Es comunión con Dios. ¡No dejes de apreciar quién es el Señor porque haces tu relación con Él demasiado intensa!

Ha habido momentos en los que he permanecido firme y he tomado autoridad sobre el diablo, he hecho la guerra, he atado y desatado, y he visto milagros gracias a ello, pero todo esto es sólo una pequeña parte del total de mi vida de oración. Sin embargo, por lo general, estas cosas las han enseñado como si fueran muy importantes. La gente me oye enseñar que principalmente la oración es para amar a Dios e inmediatamente responden: «Oh, no, eso es demasiado simple. Necesitamos ser fuertes en la oración practicando con regularidad todas estas otras cosas». Estoy en completo desacuerdo.

La mayoría de las enseñanzas sobre la oración hoy en día se centran en cómo pedir y recibir algo de Dios. Se trata de que tus oraciones sean respondidas y, si eres realmente espiritual, de cómo recibir respuestas para otras personas (es decir, la intercesión). Aunque es apropiado pedir que tus necesidades sean satisfechas (Jn. 16:24), esto debería ser sólo una parte muy pequeña de tu vida de oración. Si es tu enfoque principal, entonces también es una de las principales razones por las que tus oraciones no son muy eficaces. Pedir y recibir es un propósito de la oración, pero definitivamente no es el propósito de la oración. Dios quiere satisfacer tus necesidades,

> **Pedir y recibir es un propósito de la oración, pero definitivamente no es el propósito de la oración.**

pero buscar recibir algo de Él no debe ser el objetivo principal de tu vida de oración.

Si hicieras lo principal, lo más importante en la oración —amar, adorar y tener comunión con Dios— pronto descubrirías que no tienes tantas necesidades. Cuando buscas primero el reino de Dios, las cosas se te añaden de manera sobrenatural.

Por tanto, os digo: No os angustiéis por vuestra vida, qué habéis de comer o qué habéis de beber; ni por vuestro cuerpo, qué habéis de vestir. ¿No es la vida más que el alimento y el cuerpo más que el vestido?

Mateo 6:25

La gente perdida está completamente ocupada con la búsqueda de qué comer, qué vestir, dónde vivir, etc., pero los creyentes no deberían ser así. Dios es plenamente consciente de que tú necesitas estas cosas materiales, pero te ha ordenado que «busques primero el reino de Dios y su justicia». Cuando lo hagas, «todas estas cosas te serán añadidas» (Mt. 6:33). Cuando tú estás apasionadamente enamorado de Dios, Él cuida de ti, de forma sobrenatural, mejor de lo que podrías cuidar de ti mismo.

Al vivir literalmente para amarlo, tú liberas poderosas dinámicas espirituales que afectan positivamente el fluir de la provisión en tu vida. La mayoría de las personas no pueden captar esta verdad con sus cerebros, porque simplemente está más allá de lo que han experimentado. ¡Simplemente lo pasan desapercibido! No estoy hablando de hacer que tu familia o tu carrera sean lo principal y amar a Dios como algo secundario o simplemente tenerlo como un «beneficio extra» para tu estilo de vida. Me refiero a que Dios sea tu objetivo principal, el verdadero centro de tu vida.

Para un cristiano medio, el Señor no es más que algo extra en su ajetreada vida. Su atención se centra en ganarse la vida, criar a los hijos, cuidar de su casa, adquirir más comodidades y realizar muchas otras actividades temporales. Como algo extra, intentan añadir a Dios a la mezcla, pero definitivamente Él no es el centro. Trabajan hasta el cansancio, porque la carga de producir riqueza sigue sobre sus espaldas. Estresados, luchan constantemente con la preocupación porque son ellos los que tienen que cubrir sus necesidades.

Sin embargo, cuando Dios es realmente lo más importante en tu vida, todo lo demás funciona. El Señor hace que funcione de forma sobrenatural. No puedo explicar cómo sucede, pero es un principio del reino. Cuando Dios te prospera, es sin esfuerzo. Sin embargo, he conocido a muy pocos cristianos que viven realmente en este fluir divino. Cuando la disposición de tu corazón, es decir: «Dios, te amo», descubrirás que Él tiene muchas maneras de hacer que las cosas funcionen.

Capítulo 3

En qué consiste el cristianismo

omo la mayoría de los creyentes ignoran esta verdad, no están disfrutando de una relación muy íntima con Dios. Toda la vida cristiana, específicamente la oración, se ha reducido a: «¿cómo puedo hacer que Dios haga esto? ¿cómo puedo recibir eso de Dios? ¿cómo puedo hacer que Él haga esto por otra persona?» No estamos usando la oración para lo que realmente es.

La oración es comunión y convivencia con Dios. Es decir: «¡Padre, te amo!» y escuchar su respuesta «¡Yo también te amo!» Es escucharle en tu corazón y sentir su beneplácito mientras pasas tiempo con Él. Si hicieras eso, no tendrías que pasar mucho tiempo pidiendo cosas, porque simplemente aparecerían de forma sobrenatural.

La Palabra revela que todas las bendiciones de Dios deberían venir sobre nosotros y alcanzarnos (Dt. 28:2). No he visto a muchos cristianos con las bendiciones persiguiéndolos, ¡pero puedo asegurarte que, hay muchos creyentes persiguiendo las bendiciones! La vida cristiana es una lucha dolorosa y difícil cuando el noventa y cinco por ciento de tu vida de oración consiste

> **Si amar y estar en comunión con Dios no es tu propósito principal en la oración, ¡te estás perdiendo de lo que es el cristianismo en realidad!**

en pedir cosas, arrepentirte, gritar y chillar, quejarte y lamentarte, decirle a Dios lo que dijo el médico, informarle de tus cuentas por pagar, etc. Si amar y estar en comunión con Dios no es tu propósito principal en la oración, ¡te estás perdiendo de lo que es el cristianismo en realidad!

¡Dios te quiere a ti!

A Dios no le preocupa tanto lo que haces como quién eres. Él quiere tu amistad más que tu servicio, pero la Iglesia ha enfatizado: «¡haz una obra para Dios!» Hemos igualado su amor y aceptación por nosotros como si fuera proporcional a nuestro buen comportamiento. Nos hemos convertido en «seres que hacen» en lugar de «seres humanos». Nos sentimos obligados y con el deber de «servirle» porque sentimos que le «debemos algo» a Dios. Esta mentalidad de deudor es la que nos da la idea de que «tengo que hacer algo por Dios».

Señor, digno eres de recibir la gloria, la honra y el poder, porque tú creaste todas las cosas, y por tu voluntad existen y fueron creadas.

Apocalipsis 4:11

¡Fuiste creado para el placer de Dios! Él te amó y quiso mostrarte cuánto te amaba para que luego pudieras decir: «¡Yo también te amo!» Para eso te creó Dios, no sólo para hacer algo. Es cierto que Él quiere que se hagan cosas, pero tu servicio es el resultado de tu relación íntima con Él.

Orar en público versus orar en privado

Pero tú, cuando ores, entra en tu cuarto, cierra la puerta y ora a tu Padre que está en secreto; y tu Padre, que ve en lo secreto, te recompensará en público.

Mateo 6:6

De hecho, la gente me ha cuestionado antes, argumentando: «¡Nunca debes orar en público!» Pues bien, Jesús oraba en público. El paralelo de este pasaje comienza en Lucas 11:1 cuando la oración pública de Cristo hizo que los discípulos dijeran: «*Señor, enséñanos a orar*». Si el Señor quiso decir literalmente que había que orar siempre en secreto para que nadie te oiga, entonces Él desacató sus propias instrucciones. Aquí, en Mateo 6:5-6, Jesús básicamente declaró: «No sean como los hipócritas que oran para obtener la atención y el reconocimiento de la gente».

Es apropiado aislarse a solas con Dios para momentos especiales de intimidad, ¡pero no todo el tiempo! Debes aprender a orar en medio de tus responsabilidades diarias y de tus rutinas semanales porque estas ocupan la mayor parte de tu vida. ¡Vive y habla con Él todo el día, todos los días!

> **Debes aprender a orar en medio de tus responsabilidades diarias y de tus rutinas semanales porque estas ocupan la mayor parte de tu vida.**

Dios quiere que cada uno de nosotros madure hasta el punto en que podamos disfrutar simplemente de estar con Él. Él desea nuestra amistad, aunque no digamos nada y no suceda nada en particular más que estar juntos y amarnos mutuamente.

Cuando oro durante largos periodos de tiempo, una buena cantidad de tiempo la suelo pasar orando en lenguas. No es que le esté pidiendo algo a Dios, sino que estoy promoviendo mi propio crecimiento espiritual. Estoy orando y recibiendo sabiduría y revelación del Señor. La edificación personal es un propósito importante de la oración en el Nuevo Testamento (1 Co. 14:4 y Jud. 20-21).

También me gusta fomentar mi relación con Dios por medio del estudio de las Escrituras. Leer la Biblia es oración para mí porque lo hago con el corazón, no sólo con la mente. Cuando estoy conviviendo con Dios, una cita bíblica puede ocuparme durante horas. Conforme medito, hago preguntas y dejo que Él hable, entonces llega la revelación. ¡Esto es la oración!

No le ruegues a Dios, ¡Él ya lo sabe!

No os hagáis, pues, semejantes a ellos [los paganos que utilizan vanas repeticiones y hacen largas oraciones, versículo 7]; *porque vuestro Padre sabe de qué cosas tenéis necesidad antes que se las pidáis.*

Mateo 6:8, los corchetes son míos

Muchos cristianos se imaginan un enorme escritorio en el cielo con millones de oraciones apiladas para que Dios las procese. Suponen que está abrumado y que podría tardar meses en atender su petición. Por lo tanto, se encargan de informarle de su urgencia, orando: «¡Tienes que atender esta rápidamente!». Esperan que entonces Él ponga su petición encima de la pila y le estampe el sello de «aprobada». Esta imagen mental y las actitudes respectivas son totalmente erróneas. Dios no está estancado, ni tiene meses de retraso, ni desconoce lo urgente de tu situación. La oración no consiste en informar al «pobre desinformado Dios» de lo mal que está tu situación. Él ya sabe lo que necesitas, incluso antes de que se lo pidas.

> La oración no consiste en informar al «pobre desinformado Dios» de lo mal que está tu situación.

En Lucas 11:5-8, Jesús compartió una parábola que se utiliza comúnmente para enseñar sobre la oración, sin embargo, lo que se enseña con más frecuencia es exactamente lo contrario de lo que el Señor quería decir:

Les dijo también: ¿Quién de vosotros que tenga un amigo, va a él a medianoche y le dice: "Amigo, préstame tres panes; porque un amigo mío ha venido a mí de viaje y no tengo qué ofrecerle"; Y aquél, respondiendo desde dentro, le dice: "No me molestes; la puerta ya está cerrada y mis niños están conmigo en cama; no puedo levantarme y dártelos"? Os digo que, si no se levanta a dárselos por ser su amigo, al menos por su importunidad se levantará y le dará todo lo que necesite.

En este pasaje se suele enseñar que Dios se puede comparar con este «amigo». Debes acudir a Él cuando tengas una necesidad, pero cuando le pides por primera vez que te dé lo que necesitas, podría responder: «¡No!» o «No estoy listo». Por lo tanto, debes presionar a Dios, acosándole y orando persistentemente, haciendo tu petición una y otra vez hasta que consigas que te dé lo que necesitas. A veces esto se llama «porfía en la oración». Básicamente, debes bombardear las puertas del cielo hasta que «se abran».

Sin embargo, Jesús estaba haciendo un contraste y ¡no una comparación! El Señor usó este ejemplo en el ámbito físico para mostrar que, si un amigo te trataría mejor, ¿por qué pensarías que hay que acosar, rogar y suplicar a Dios para que satisfaga tu necesidad? ¿Por qué piensas que tu Padre celestial —quien envió a su Hijo para cargar con tu pecado y te ama infinitamente más de lo que nadie podría hacerlo— te trataría peor, que un ser humano egoísta?

Si el Señor no ha suplido tu necesidad por gracia, tu fe no puede hacer que lo haga. Contrario a la creencia popular, la fe no

> **Si el Señor no ha suplido tu necesidad por gracia, tu fe no puede hacer que lo haga.**

hace que Dios actúe. Él no es el que está atorado. Tampoco necesita «hacer algo», porque ¡Dios ya lo ha hecho todo! Al Señor nunca lo sorprende nada, porque Él creó la provisión necesaria mucho antes de que tú tuvieras la necesidad. Él no tiene que salir y hacer algo para proveer tu respuesta. Como Él ya hizo Su parte, tú no tienes que rogar y suplicar.

Capítulo 4

El modelo de oración

Vosotros, pues, oraréis así: Padre nuestro que estás en los cielos, santificado sea tu nombre.

Mateo 6:9

E l Señor nos estaba dando un modelo de oración, ¡no algo para repetir! Si estás recitando las palabras del «Padre nuestro», sólo estás tranquilizando tu conciencia (Mt. 6:9). Sientes que, «¡Hombre, realmente estoy observando mi deber religioso!», pero es todo lo que estás obteniendo de ello, porque el hecho de pronunciar estas palabras no te gana nada de parte de Dios. Esto no es más que la vana repetición contra la que Jesús enseñó en Mateo 6:7.

Jesús estaba comunicando principios bíblicos a través de este modelo de oración. Se supone que debes comenzar entrando a Su presencia con acción de gracias, alabándolo y bendiciéndolo (ver Sal. 100:4).

Cada uno de nosotros ha sido culpable de entrar a la presencia de nuestro Padre con un sentimiento de indignidad, diciendo:

«Dios, sé que no he orado. No estoy amando como debería. No he hecho esto o aquello». Llegamos preocupados, dominados y con la atención puesta en nuestras fallas en vez de Su bondad. Al Padre no le gusta que sus hijos se acerquen a Él de esa manera.

Dios no está enojado contigo. Él descargó toda Su ira en su propio Hijo hace dos mil años en la cruz. Ahora tú puedes acercarte a Él sin miedo, basándote en lo que Cristo ha hecho. Dios está contento de saber de ti. Él no va a reprenderte; Él no es así. ¡Simplemente no hay necesidad de tener miedo de tu amoroso Padre celestial! Si te sientes mal, entonces alábalo por el hecho de que Él ama a una persona que está tan mal como tú. En vez de enfocarte en tu indignidad, ¡agradécele a Dios por su bondad!

> ## En vez de enfocarte en tu indignidad, ¡agradécele a Dios por su bondad!

La muerte y la vida están en el poder de la lengua.

Proverbios 18:21

Muchos cristianos piensan que están orando, pero en realidad sólo se están quejando, afligiendo y lamentando. No se dan cuenta de que incluso en la oración, sus palabras producen muerte o vida. En vez de obtener respuestas a sus problemas, en realidad están activando y fortaleciendo sus problemas para que sigan dominando sus vidas. A Dios no le agrada eso. No puedes pasarte cinco segundos en la fe y cuarenta y cinco minutos en la incredulidad y la negatividad y luego preguntarte: «¿por qué no estoy animado?» ¡Esa no es una oración alentadora! Cuando ores, es importante tener una actitud de gratitud. Comienza con la alabanza, ¡y estarás liberando la vida!

Manifestando el cielo en la tierra

Venga tu Reino. Hágase tu voluntad, como en el cielo, así también en la tierra.

Mateo 6:10

Jesús continuó alabando a Dios, declarando: «Padre, sé que es tu voluntad que las cosas se hagan en la tierra como en el cielo». En el cielo, no hay enfermedades, por lo tanto, no es la voluntad de Dios que estés enfermo. En el cielo no hay pobreza, por lo tanto, no es la voluntad de Dios que seas pobre aquí en la tierra. En la presencia del Señor, hay abundante alegría, gritos de júbilo, cantos, alabanzas y adoración. Así es el cielo, y así es como Él espera que estemos aquí en la tierra. Deberíamos orar para que lo que ya nos aguarda en el cielo comience a manifestarse en nuestras vidas aquí en la tierra.

¡Tómalo!

El pan nuestro de cada día, dánoslo hoy.

Mateo 6:11

Observa que el versículo 11 no es una pregunta, porque no hay un signo de interrogación al final. No está diciendo: «Oh Dios, sé que no lo merezco, pero ¿podrías por favor darme una migaja para que no me muera de hambre y perezca hoy?» ¡No! Proporcionar alimentos es parte de la relación familiar. Los niños esperan que sus madres y padres satisfagan sus necesidades. Es la familiaridad con el amor de sus padres lo que les da confianza en su manera de acercarse.

Dios quiere que seamos así con Él. Desea que todos los creyentes estén tan familiarizados con Su amor que se acerquen a Él con confianza (He. 4:16). Él anhela que sus hijos crean que toda la provisión que necesitan ya está dispuesta.

No hay muchos cristianos que se acerquen a Dios de esta manera, pero tenemos que aprovechar lo que Él ya ha hecho, ¡y debemos apropiárnoslo!

Perdonado y liberado

Perdónanos nuestras deudas, como también nosotros perdonamos a nuestros deudores. No nos metas en tentación.
Mateo 6:12-13

Ya he sugerido esto antes en este libro de bolsillo, pero tienes que entender que una vez que has creído en, y recibido al Señor, tus pecados han sido perdonados: pasados, presentes y futuros. Y, por supuesto, ¡Él no nos meterá en tentación! ¿Qué Padre amoroso lo haría? Jesús dijo estas cosas en Mateo 6 *antes de* la cruz y la resurrección. Él fue llevado a la tentación por nosotros y venció al diablo (Mt. 4:1-11). Si estás entrando en tentación, puedes estar seguro de que no es Dios (Stg. 1:13-14). A la luz de esta verdad, puedes orar: «Padre, sé que no es tu voluntad que yo sea tentado». Eso está bien.

> *Sino líbranos del mal, porque tuyo es el Reino, el poder y la gloria, por todos los siglos. Amén.*
>
> Mateo 6:13

Por medio de la fe en Cristo, transferimos reinos. Jesús ya nos ha librado del reino de las tinieblas y nos ha puesto en el reino de la luz (Col. 1:13). El maligno perdió completamente su dominio legal sobre nosotros, y ahora pertenecemos a nuestro amoroso Padre celestial. Por ello, le alabamos. ¡Aleluya!

> **Jesús ya nos ha librado del reino de las tinieblas y nos ha puesto en el reino de la luz**

La oración modelo de Cristo comenzaba con alabanza: «*Padre nuestro que estás en los cielos, santificado sea tu nombre*» y terminaba con alabanza: «*Porque tuyo es el Reino, el poder y la gloria, por los siglos de los siglos. Amén*» (Mt. 6:9,13). Esto es lo que me gusta llamar la «Técnica del sándwich». Comienza tu oración agradeciéndole, alabándole y declarando lo grande que es Él. Luego, desliza tu petición en medio y termina alabándole un poco más. Cuando te acercas a Dios con tu petición deslizándola entre dos rebanadas saludables de alabanza y acción de gracias, te darás cuenta de que realmente no tienes mucho que pedirle.

Capítulo 5

Jesús, el único mediador

L a mayoría de los cristianos creen que la única diferencia entre el Antiguo Testamento y el Nuevo es una página en blanco en la Biblia. No entienden que el establecimiento del Nuevo Pacto hizo una gran diferencia en la forma en que todo funciona, ¡incluyendo la oración!

> *Exhorto, ante todo, a que se hagan rogativas, oraciones, peticiones y acciones de gracias por todos los hombres, por los reyes y por todos los que tienen autoridad, para que vivamos quieta y reposadamente en toda piedad y honestidad. Esto es bueno y agradable delante de Dios, nuestro Salvador, el cual quiere que todos los hombres sean salvos y vengan al conocimiento de la verdad, **pues hay un solo Dios, y un solo mediador entre Dios y los hombres: Jesucristo hombre.***
>
> 1 Timoteo 2:1-5, el énfasis es mío

En el Nuevo Pacto, Jesús es el único mediador que está entre Dios Padre y la humanidad.

Si oras: «Oh Dios, por favor ten misericordia. No derrames tu ira», acabas de hacer a Jesús a un lado y declaraste: «Señor, yo sé que Tú expiaste por nosotros y que te encargaste del pecado. La Palabra dice que Tú eres el único mediador, pero creo que puedo ayudar. También va a ser necesario que yo suplique e interceda para que las cosas se arreglen». Estás tratando de añadir algo a lo que Jesús ya ha hecho. Jesús + cualquier cosa = nada. Jesús + nada = todo.

Pedir, buscar, llamar

Jesús pagó por nuestros pecados y aplacó la ira de Dios, pero la iglesia por lo general todavía no entiende esto. Aún percibimos a Dios como Él se mostraba en el Antiguo Testamento: enojado. Pensamos que debemos interceder para evitar que Él haga lo que realmente quiere hacer, que es juzgar a la gente por sus pecados. Muchos de nosotros creemos que todavía tenemos que rogar y suplicar a Dios por su misericordia. Eso es absolutamente erróneo. La Palabra de Dios en el Nuevo Testamento revela la profundidad de Su amor y perdón por medio de Cristo.

Después de compartir la parábola que contrasta a Dios con el amigo (Lc. 11:5-8), Jesús inmediatamente hizo hincapié en su punto:

Por eso os digo: Pedid, y se os dará; buscad, y hallaréis; llamad y se os abrirá, porque todo el que pide, recibe; y el que busca, halla; y al que llama, se le abrirá.

Lucas 11:9-10

Luego, Jesús ilustró esta verdad aún más utilizando la misma lógica con otra relación humana.

¿Qué padre de vosotros, si su hijo pide pan, le dará una piedra? ¿O si pide un pescado, en lugar de pescado le dará una serpiente? ¿O si le pide un huevo, le dará un escorpión? Pues si vosotros, siendo malos, sabéis dar buenas dádivas a vuestros hijos, ¿cuánto más vuestro Padre celestial dará el Espíritu Santo a los que se lo pidan?

Lucas 11:11-13

Si tú ni siquiera considerarías tratar a tus hijos tan cruelmente, ¿por qué crees que Dios se negaría o incluso dudaría para satisfacer tu necesidad? «Por el contrario, si ustedes siendo malos saben dar buenos regalos a sus hijos, *¿cuánto más* su Padre celestial dará el Espíritu Santo a los que lo pidan?»

Capítulo 6

Una treta del diablo

Durante una reunión de oración que duró toda la noche, cuando bombardeaba las puertas del cielo, recuerdo que golpeé la pared y grité: «¡Dios, si amaras a la gente de Arlington, Texas, la mitad de lo que yo los amo, tendríamos un avivamiento!» Inmediatamente, mi «cerebrito» se dio cuenta de que había algo seriamente equivocado en mi teología. Me paré en seco y dije: «¡Eso no está bien!» Pero esta es la actitud que la mayoría de los "intercesores" tienen hoy.

Los intercesores le suplican al Señor, orando: «Oh Dios, por favor, ama a estas personas tanto como yo». Tú quizás no usarías esas mismas palabras, pero es lo que haces. Crees que Dios está enojado, y que Él dejaría que la gente muriera y se fuera al infierno si no fuera por tus grandes oraciones. Sin ti, Dios no sanaría a nadie. Crees que tus ruegos hacen que Él reconsidere y extienda su misericordia. ¡Nada podría estar más lejos de la verdad!

¡Dios ama a la gente infinitamente más que tú! Si tú deseas ver un cambio en tu país o que alguien sea salvado, sanado y liberado, es porque Dios mismo ya ha tocado tu corazón de

31

tal manera que tienes ese deseo. ¡Eso definitivamente no es la naturaleza humana! La naturaleza del hombre es ser egoísta y no preocuparse por nadie más que por sí mismo. Si tú tienes compasión por ver a otros bendecidos, es porque Dios ya está obrando en ti. Él es quien te ha dado esa compasión. Él te estimuló, no para que le supliques que sea tan misericordioso como tú, sino para que, motivado por el amor, empieces a liberar el poder de Dios saliendo y haciendo algo al respecto.

Exigir la salvación de otros

El Espíritu Santo no actúa independientemente de las personas. Dios les ha dicho a los creyentes que salgan a sanar a los enfermos, a limpiar a los leprosos, a resucitar a los muertos y expulsar a los demonios. En vez de hacer lo que Dios nos ha ordenado que hagamos, le estamos pidiendo a Él que haga lo que nos pidió. No es hora de que Él derrame Su Espíritu. Él está habitando en cada creyente nacido de nuevo. ¡Sólo necesitamos empezar a hablar la verdad y liberar el poder del Espíritu a otros!

> El Espíritu Santo no actúa independientemente de las personas.

Literalmente, miles de personas se han acercado a mí y me han preguntado: «¿cómo es que esta persona no se ha salvado? He exigido su salvación en oración durante más de veinte años, ¡y Dios no ha respondido a mi oración!» ¡Qué actitud tan lamentable!

Ellos dijeron: Cree en el Señor Jesucristo, y serás salvo tú y tu casa.

Hechos 16:31

Esta cita bíblica del pasaje del carcelero de Filipos se enseña con frecuencia de esta manera: «exige la salvación de todos tus parientes; de toda tu casa». Tú no puedes «exigir» la salvación de otra persona. Este versículo no quiere decir eso. Está diciendo: «cree en el Señor Jesucristo y serás salvo y tu casa también lo será, si ellos creen. Funcionará para cualquiera».

Si «exigir» la salvación de otra persona realmente funcionara, entonces deberíamos dejar de enseñar cualquier otra cosa y enfocarnos en esto. Deberíamos organizar a las iglesias para «exigir» a todos sus parientes. Entonces, una vez que sean salvos, inmediatamente guiarlos a «exigir» a todos sus parientes. Si esto fuera cierto, ¡podríamos «exigir la salvación» y ganar el mundo entero en poco tiempo! Esto simplemente no se puede hacer, porque cada individuo debe creer personalmente en Cristo.

Considera el fruto

Satanás está detrás de gran parte de la enseñanza sobre la «oración» que flota en el Cuerpo de Cristo hoy en día. Considera el fruto: los cristianos están siendo guiados a meterse en sus clósets de oración, dejando de valorar lo que el Señor ha hecho, tratando de tomar su lugar como mediador, rogándole que no derrame la ira que Él ya no tiene, clamando por el Espíritu Santo que ya ha sido derramado, y suplicándole que sea tan misericordioso como ellos.

Mientras tanto, sus familiares, compañeros de trabajo y vecinos se están yendo al infierno.

Deberías andar ahí declarando la Palabra de Dios y demostrando el poder de Dios:

> *Y* [Jesús] *les dijo* [a sus discípulos]*: Id por todo el mundo y predicad el evangelio a toda criatura. El que crea y sea bautizado, será salvo; pero el que no crea será condenado. Estas señales seguirán a los que crean: En mi nombre echarán fuera demonios, hablarán nuevas lenguas, tomarán serpientes en las manos, aunque beban cosa mortífera, no les hará daño; sobre los enfermos pondrán sus manos, y sanarán.*
>
> Marcos 16:15-18, los corchetes son míos

¡Qué estratagema del diablo para que los cristianos eludan la gran comisión y se distraigan "intercediendo" en sus clósets de oración!

Capítulo 7

No es un modelo del Nuevo Testamento

Jesús nunca organizó "guerreros de la oración" e "intercesores" como se modela hoy en día. Nunca envió a sus discípulos a orar por una ciudad para «preparar el terreno». En cambio, sí los enviaba con antelación para anunciar su venida, porque en aquel entonces no había radio, televisión, periódicos, Internet, carteleras ni cosas como esas. Estos discípulos difundieron el mensaje de sus milagros, pero Jesús nunca le pidió a nadie que fuera un «guerrero de la oración» o «intercesor». Simplemente no hay un modelo bíblico en el Nuevo Testamento para tales cosas.

La lógica detrás de todo esto hoy en día afirma que hay poderes demoníacos que mantienen cautivas ciertas áreas. Antes de entrar y predicar el Evangelio, «el hombre fuerte» debe ser atado y su poder quebrantado. Aunque eso suena «espiritual», Jesús no lo hizo así ni tampoco Pablo. ¿Estoy argumentando el hecho de que hay poderes demoníacos trabajando en el mundo de hoy? No. Yo he visto salir demonios de la gente. También soy plenamente consciente de que hay poderes demoníacos sobre las ciudades, de los que hablaré más adelante.

Los demonios están presentes incluso en los servicios religiosos. Algunos podrían decir: «Bueno, no deberían estar ahí. ¡Clama a la sangre! y mantenlos fuera». ¡No se puede hacer eso! Satanás asistió a la Última Cena con Jesús (Jn. 13:27). Si Cristo no pudo mantener a Satanás alejado de su mesa de comunión, ¿qué te hace pensar que tú puedes hacerlo?

¿Y qué con la guerra espiritual?

En Hechos 19, cuando Pablo lidió con Diana de los Efesios, una diosa falsa, multitudes de personas venían regularmente a adorar su imagen (que según se decía había caído de Júpiter) en el templo de Éfeso. Pablo nunca les dijo a los discípulos que oraran contra ella, nunca dirigió un servicio de alabanza para atarla, y nunca hizo lo que los cristianos de hoy en día llaman «guerra espiritual» o «mapas para localizar espíritus». No se remontaron a la historia de Éfeso para arrepentirse y pedir perdón por todos los pecados para que finalmente, Dios pudiera actuar.

En cambio, ¿qué hicieron Pablo y sus colaboradores? Predicaron la verdad de que no hay más Dios que Dios Padre y Su Hijo, el Señor Jesucristo. En un periodo de tiempo relativamente corto, todo el culto de "Diana de los efesios" estuvo a punto de ser abandonado por completo, porque alguien se atrevió a decirle la verdad a la gente. Los subsiguientes disturbios religiosos, políticos, y sobre todo, económicos, hicieron que Pablo casi fuera apedreado hasta la muerte (Hch. 19:23-41). ¿Estoy argumentando que no había un poder demoníaco operando a través de la adoración a Diana de los efesios? No, creo que sí lo había. Sin embargo, Pablo y sus compañeros no lidiaron con ese poder con la oración. Ellos declararon audazmente la verdad de la Palabra de Dios con la demonstración del poder del Espíritu Santo a la gente.

Capítulo 8

Háblale a tu montaña

Marcos 11 contiene algunas lecciones extraordinarias sobre cómo recibir de Dios en la oración:

Al día siguiente, cuando salieron de Betania, tuvo hambre. Viendo a lo lejos una higuera que tenía hojas, fue a ver si tal vez hallaba en ella algo; pero cuando llegó a ella, nada halló sino hojas, pues no era tiempo de higos. Entonces, Jesús dijo a la higuera: «¡Nunca jamás coma nadie fruto de ti!» Y lo oyeron sus discípulos.

Marcos 11:12-14

Aunque Jesús le habló a esta higuera y sucedió al instante, los resultados no fueron visibles sino hasta doce horas después. A veces se necesita tiempo para que lo que Dios ya ha realizado se manifieste en el ámbito físico.

Entonces Pedro, acordándose, le dijo: «Maestro, mira, la higuera que maldijiste se ha secado».

Marcos 11:21

Pedro se sorprendió a la mañana siguiente cuando vio aquella higuera. Al leer las Escrituras, a menudo tenemos la tendencia a pasar por alto lo que debieron sentir quienes lo experimentaron. Tú estarías muy impresionado si, mientras caminamos, le ordenara a un árbol: «¡muere, en el nombre de Jesús!» y al día siguiente lo encontraras marchito y muerto. Dirías algo, ¿no? Pedro no se limitó a mencionar esto; estaba verdaderamente sorprendido: «¡Jesús, mira esta higuera!»

El Señor utilizó este momento oportuno para la enseñanza, para ilustrar cómo funciona la oración:

Respondiendo Jesús, les dijo: «Tened fe en Dios».

Marcos 11:22

Esto ocurrió por medio de la fe en Dios. La fe es una fuerza poderosa, pero tú debes creer para cosechar sus beneficios.

De cierto os digo que cualquiera que diga a este monte: «Quítate y arrójate en el mar y no duda en su corazón, sino que cree que será hecho lo que dice, lo que diga le será hecho».

Marcos 11:23

El Señor nos ordena que le hablemos a nuestra montaña. La «montaña» representa cualquier problema que tengamos. Esta es una verdad sobre la oración que la mayoría de la gente se ha perdido. Ellos le hablan a Dios sobre su montaña en vez de hablarle a su montaña de Dios. Debemos declarar: «enfermedad, pobreza, muerte, váyanse en el nombre de Jesús» y no «Dios, tengo esta montaña. ¿Podrías moverla por mí?» El Señor *te dijo* que le *hablaras a ella*, no a Él. *Sea lo que sea*, ¡ten fe en Dios y *háblale*!

> *Por tanto, os digo que todo lo que pidáis orando, creed que*
> *lo recibiréis, y os vendrá.*
>
> Marcos 11:24

Quiero que notes lo que Jesús estaba diciendo aquí al explicar lo que hizo con la higuera. Él tomó su autoridad y dijo que eso era creer, y que hablarle al problema es oración. Esta es otra verdad radical que la mayoría de la gente pasa por alto sobre la oración. Jesús dijo que creas que has recibido la respuesta de Dios en el instante en que ores (hablarle a la montaña), y verás (tiempo futuro) la manifestación visible de ello.

Al hablarle a tu montaña, estás cooperando con una importante ley espiritual y acelerando la manifestación de tu respuesta.

Cómo funciona el reino

Muchas personas batallan con lo que estoy enseñando, preguntándose: «¿cómo puedo creer? Tengo dolor en mi cuerpo ahora mismo, pero me estás diciendo que crea que estoy curado sin ninguna evidencia física de ello». Otros responden: «¡Oh, lo entiendo! Estás diciendo que actúe como si así fuera, cuando en realidad no lo es, ¡y entonces se convertirá en realidad!» No, eso no es lo que estoy enseñando. No te estoy animando a que practiques un "juego mental" en el que intentas creer que algo es real cuando no lo es para que se convierta en realidad. Te estoy estimulando a mirar más allá del ámbito natural.

Dios es Espíritu (Jn. 4:24). Cuando Él actúa, lo hace en el reino espiritual. En el mismo momento en que naciste de nuevo, recibiste todo lo que necesitas en forma espiritual dentro de tu espíritu. Tú tienes la misma virtud, unción y poder que levantó a Jesucristo de entre los muertos (Ef. 1:19-20). Por lo tanto, la cuestión no es si Dios ya dio. Él ha hecho todo lo que va a hacer con respecto a tu milagro. Él dio la orden, liberó Su poder, ¡y es un hecho cumplido!

«Pero lo necesito aquí en mi cuerpo», podría decir alguien. La fe es el puente entre el reino espiritual y el reino físico. Es la manera como lo que ya sucedió en el espíritu se transfiere al ámbito natural. La fe da sustancia a las cosas que se esperan y evidencia —tangibilidad, prueba física— a algo que no se ve (He. 11:1).

Así es como funciona el reino. Hemos complicado las cosas cuando oramos: «Oh Dios, aquí está mi necesidad. Si me amas, haz algo». Luego, cuando no ocurre nada, nos molestamos con Dios y nos preguntamos: «¿por qué no has hecho nada?» No siempre vemos que se manifiesta porque no hemos aprendido a recibir. ¡No es porque Dios no haya respondido! Él nos ha dado el poder, pero muchos de nosotros ignoramos cómo funciona.

«¿Estás diciendo que es mi culpa?» Sí, lo estoy diciendo. Algunas personas se molestan mucho cuando escuchan esto y piensan: «¡Me estás condenando!» No, no lo estoy haciendo. Sólo te estoy mostrando que, si alguien falló, ¡no fue Dios!

¡Saber que Dios siempre es fiel me bendice! Él no elige sanar a éste y dejar a otro enfermo, prosperar a éste e ignorar a otro, o darle alegría a éste y no a otro. Este concepto de que «Dios sólo quería bendecir a esa persona y hacer a esta otra miserable» no es cierto. Él no es así. Él quiere que cada uno de nosotros tenga salud, prosperidad, alegría, bendición, paz y felicidad. Lo que sucede es que no todos lo reciben. Esto no se debe a que Dios no sea fiel a la hora de dar, sino que no todo el mundo sabe *cómo* pasar del «amén» al «ahí está». Es así de sencillo.

Tienes la unción de Dios para sanar a los enfermos, limpiar a los leprosos y resucitar a los muertos. Si no estás viendo que se manifiesta, no es el «dador» de Dios el que está roto, sino tu receptor, es el que necesita ser encendido y sintonizado. Profundiza en la Palabra, ¡y luego úsala para hablarle a tu montaña!

> **Tienes la unción de Dios para sanar a los enfermos, limpiar a los leprosos y resucitar a los muertos.**

Tus resultados mejorarán

Dios utiliza a personas imperfectas. ¡Todos veríamos manifestaciones mayores y más rápidas si no estuviéramos tan llenos de incredulidad! Es un milagro que veamos algunos resultados mientras empapamos nuestras mentes con el asesinato, el adulterio y la homosexualidad como «entretenimiento» y escuchamos las (malas) «noticias» cada día. ¡Estamos bautizados en la incredulidad!

Ya que Jesús tiene que usar instrumentos imperfectos como tú y yo, a veces Su poder no se manifiesta tan rápidamente. Cada uno de nosotros tiene algo de incredulidad y otras cosas que todavía no han sido vencidas, pero no dejes que eso te impida actuar. Tu capacidad para transmitir el poder de Dios a menudo aumenta con la práctica. No te rindas si lo intentas unas cuantas veces y no ves los resultados que deseas. Hasta Jesús se vio limitado en lo que podía hacer en su propia ciudad natal debido a la incredulidad de la gente (Mt. 13:58). ¡Sigue adelante!

> **Tu capacidad para transmitir el poder de Dios a menudo aumenta con la práctica.**

Cuando empieces a entender, creer y practicar algunas de estas cosas, ¡tus resultados mejorarán mucho!

Capítulo 9

La variable

El ejemplo de Daniel ilustra claramente la fidelidad de Dios para responder siempre a la oración. Él oró en dos ocasiones diferentes, en Daniel 9 y 10, y recibió dos resultados diferentes. Dios contestó ambas oraciones al instante, pero la primera tardó aproximadamente tres minutos antes de que recibiera la respuesta, y la otra tardó tres semanas. Leamos en Daniel 10 para ver por qué:

> *Mas el príncipe del reino de Persia se me opuso* [al mensajero angelical] *durante veintiún días; pero Miguel, uno de los principales príncipes, vino para ayudarme, y quedé allí con los reyes de Persia.*
>
> Daniel 10:13, los corchetes son míos

El mensajero angelical le dijo a Daniel cuál había sido el obstáculo: la oposición demoníaca. Judas 9 y Apocalipsis 12:7 revelan que Miguel es un arcángel. Observa cómo el mensajero experimentó resistencia desde el primer día en que Daniel oró. Dios había respondido al instante, pero el mensajero necesitaba la ayuda de Miguel para romper la oposición demoníaca y pasar con la respuesta de Daniel.

Mucha gente no entiende que vivimos en un mundo en el que hay oposición demoníaca. Piensan que, si Dios envía una respuesta, no puede haber obstáculos. Por supuesto, Dios es más grande que el diablo, pero Satanás puede obstaculizarlo si una persona física coopera y le da autoridad para hacerlo. Las cosas no funcionan instantánea y automáticamente sólo porque son la voluntad de Dios y tú oraste por ello.

Sin embargo, esto no es una acusación contra Dios. Él siempre es constante. De acuerdo con Su Palabra —que es lo único en lo que podemos basar nuestras vidas— Dios declara: «*Por su herida habéis sido sanados*» (1 P. 2:24). Él quiere que todos sean sanados de sus enfermedades y dolencias. Eso es lo que enseña la Biblia. Por lo tanto, la variable no es el Señor, ¡es el diablo! Dios respondió a las dos oraciones de Daniel en el momento en que él oró, pero Satanás se opuso y retrasó la respuesta de la segunda oración.

Ahora, muchas personas creen erróneamente que el diablo es infalible y fiel todo el tiempo. Piensan que nunca falla en nada. Aunque no lo admitan, ¡eso es lo que realmente creen! La gente me dice a menudo que ha hecho todo lo que sabe hacer, pero que todavía no está segura de que Dios vaya a cumplirles. Sin embargo, si hacen la más mínima cosa mal, no tienen ninguna duda de que Satanás los atrapará cada vez. Estos cristianos tienen más fe en el diablo que en Dios.

Tienes que saber que Satanás falla muchas veces. ¿Por qué no combatió la oración en Daniel 9? Probablemente estaba ocupado en otra parte cuando Daniel oró la primera vez. Sin embargo, después de que Daniel recibió una tremenda respuesta y revelación, Satanás asignó un gran poder demoníaco para asegurarse de que Daniel no recibiera ninguna otra respuesta.

Toma tu autoridad y acorta el tiempo

Como un santo del Antiguo Testamento, Daniel no tenía ninguna autoridad sobre el diablo. Por lo tanto, no podía reprender a la entidad demoníaca llamada «el príncipe del reino de Persia» (Dn. 10:13). Incluso si Daniel hubiera sabido que el problema entre los capítulos 9 y 10 era demoníaco, no hubiera podido hacer nada al respecto. Sin embargo, como creyentes del Nuevo Pacto, tenemos autoridad sobre el diablo (Lc. 9:1).

Cuando sabes en tu corazón que Dios ya te lo ha dado en el reino espiritual, no tienes que esperar tres semanas —o cualquier período de tiempo— para que la respuesta se manifieste en el reino físico. Como creyente en Jesucristo, toma tu autoridad y ordénale al diablo que se vaya. En vez de hablarle a Dios, háblale directamente al problema. Luego, actúa de acuerdo con la Palabra de Dios. No te quedes ahí sin hacer nada, esperando; ¡haz algo!

¡Depende de ti!

Si estás orando de acuerdo con la voluntad de Dios, Él siempre responde a tus oraciones instantáneamente (1 Jn. 5:14-15), pero tú no siempre sabes inmediatamente cuál puede ser el obstáculo. Usa la sabiduría y ora en el Espíritu hasta que Dios te guíe de alguna manera. A veces se necesita un período de tiempo para que tú descubras cuál es el problema. Una vez que lo descubras, toma tu autoridad sobre eso. Esto acortará la cantidad de tiempo que se necesita para ver que se manifiesta. Básicamente, ¡depende de ti la rapidez con la que veas las respuestas a tus oraciones!

> **Si estás orando de acuerdo con la voluntad de Dios, Él siempre responde a tus oraciones instantáneamente**

Jesús utilizó esta misma estrategia mientras oraba por un ciego (Mr. 8:22-26). Él llevó al hombre fuera de la aldea, oró por él y luego le preguntó qué veía. Algunos dirían: «¡Bueno, eso es incredulidad!» No, Jesús no estaba preguntando: «¿funcionó?» Él sabía que Dios había dado. La razón por la que sacó al hombre de la aldea en primer lugar fue porque Betsaida estaba llena de incredulidad.

Jesús dijo: «*¡Ay de ti, Betsaida! que si en Tiro y en Sidón se hubieran hecho los milagros que se han hecho en vosotras, tiempo ha que, sentadas en ceniza y con vestidos ásperos, se habrían arrepentido*» (Lc. 10:13).

Betsaida era una de las ciudades más incrédulas que Jesús visitó. Ahí, Él tuvo que tomar a este hombre de la mano y alejarlo de la incredulidad de la gente de la aldea.

Aunque Jesús sacó al hombre de la aldea, ¡sabía que no

había sacado toda la aldea fuera del hombre! El Señor percibió que todavía había algunas trabas de incredulidad en él. Jesús oró, sabiendo que Su Padre había liberado el poder. Por lo tanto, Él no estaba preguntando: «¿funcionó?» sino «¿recibiste?» «¿todavía tienes problemas?» El Señor confrontó el problema físico de frente y lo estudió detenidamente.

Cuando el hombre sólo manifestó una curación parcial, Jesús volvió a orar por él. Eso haría que hoy lo echaran de la mayoría de los colegios bíblicos, porque piensan: «¡No es fe pedir algo dos veces!» El Señor no pidió nada dos veces. Él creyó y lo recibió la primera vez. La segunda vez, tomó su poder y autoridad espiritual y los usó, y el hombre vio claramente. Así es como debemos hacerlo nosotros.

Conclusión

Como dije al principio de este libro de bolsillo, lo que estoy enseñando no es *La única manera de orar* ni estoy diciendo que *Estás mal si no oras de esta manera*. Este libro de bolsillo trata de *Una mejor manera de orar*. Yo mismo he hecho todas las cosas que dije que están mal, sin embargo, yo amaba a Dios y Él me amaba a mí. Pero desde que he estado orando de la manera que he enseñado en este libro de bolsillo, he visto un gran avance en los resultados que obtengo.

Mi oración para ti es que el Señor tome estas cosas que he compartido y te lleve a un nuevo entendimiento de lo que es la oración y cómo tus oraciones pueden ser más eficaces. Creo que el Señor usará estas verdades para sacarte de cualquier tradición «religiosa» que deje sin efecto la Palabra de Dios en tu vida. Tú experimentarás la libertad y el gozo que trae el conocer a Dios en espíritu y en verdad.

Y a medida que lo aceptes y estas verdades te liberen, ruego que el Señor te conceda la oportunidad de compartir estas cosas con otros para que ellos también puedan empezar a experimentar *¡Una mejor manera de orar!*

Recibe a Jesucristo como tu Salvador

¡Optar por recibir a Jesucristo como tu Señor y Salvador es la decisión más importante que jamás hayas tomado!

La Palabra de Dios promete: "*Si confesares con tu boca que Jesús es el Señor, y creyeres en tu corazón que Dios le levantó de entre los muertos, serás salvo. [10] Porque con el corazón se cree para justicia, pero con la boca se confiesa para salvación*" (Ro. 10:9-10). "*Porque todo aquel que invocare el nombre del Señor, será salvo*" (Ro. 10:13).

Por su gracia, Dios ya hizo todo para proveer tu salvación. Tu parte simplemente es creer y recibir.

Ora en voz alta: "Jesús, confieso que Tú eres mi Señor y mi Salvador. Creo en mi corazón que Dios te levantó de entre los muertos. Por fe en Tu Palabra, recibo ahora la salvación. ¡Gracias por salvarme!"

En el preciso momento en que le entregaste tu vida a Jesucristo, la verdad de Su Palabra instantáneamente se lleva a cabo en tu espíritu. Ahora que naciste de nuevo, ¡hay un tú completamente nuevo!

Por favor comunícate con nosotros para que nos digas si recibiste a Jesucristo como tu Salvador y para que solicites unos materiales de estudio gratis que te ayudarán a entender más plenamente lo que ha sucedido en tu vida. Llama a nuestra Línea de ayuda: +1 719-635-1111, para que hables con uno de nuestros operadores que están listos para ayudarte a crecer en tu relación con el Señor. ¡Bienvenido a tu nueva vida!

Recibe el Espíritu Santo

Como Su hijo que eres, tu amoroso Padre Celestial quiere darte el poder sobrenatural que necesitas para vivir esta nueva vida.

Todo aquel que pide, recibe; y el que busca, halla; y al que llama, se le abrirá... [13] ¿Cuánto más vuestro Padre celestial dará el Espíritu Santo a los que se lo pidan?

Lucas 11:10, 13b

¡Todo lo que tienes que hacer es pedir, creer y recibir!

Haz esta oración: "Padre, reconozco mi necesidad de Tu poder para vivir esta vida nueva. Por favor llename con Tu Espíritu Santo. Por fe, ¡lo recibo ahora mismo! Gracias por bautizarme. Espíritu Santo, ¡eres bienvenido a mi vida!"

¡Felicidades! Ahora estás lleno del poder sobrenatural de Dios.

Algunas sílabas de un lenguaje que no reconoces surgirán desde tu corazón a tu boca (1 Co. 14:14). Mientras las declaras en voz alta por fe, estás liberando el poder de Dios que está en ti y te estás edificando en el espíritu (1 Co.14:4). Puedes hacer esto cuando quieras y donde quieras.

Realmente no interesa si sentiste algo o no cuando oraste para recibir al Señor y a Su Espíritu. Si creíste en tu corazón que lo recibiste, entonces la Palabra de Dios te asegura que así fue. *"Por tanto, os digo que todo lo que pidiereis orando, creed que lo recibiréis, y os vendrá"* (Mr. 11:24). Dios siempre honra Su Palabra; ¡créelo!

Por favor, escríbenos y dinos si hiciste la oración para ser lleno del Espíritu Santo y para recibir unos materiales de estudio gratis que tenemos para ti. Nos gustaría regocijarnos contigo y ayudarte a entender más plenamente lo que ha sucedido en tu vida. Llama a nuestra Línea de ayuda: +1 719-635-1111.

Llama para pedir oración

Si necesitas oración por cualquier motivo y quieres hablar con uno de nuestros operadores en español, puedes llamar a nuestra Línea de ayuda al +1 719-635-1111, de lunes a viernes, 7:00 a.m. – 3:00 p.m. (hora estándar de la montaña). Un ministro capacitado contestará tu llamada y orará contigo.

Cada día, recibimos testimonios de sanidades y otros milagros por medio de nuestra Línea de ayuda, y estamos compartiendo las noticias que son casi demasiado buenas para ser verdaderas del Evangelio con más personas que nunca.

Por lo tanto, ¡te invito a que llames hoy!

El Autor

La vida de Andrew Wommack cambió para siempre en el momento que él se encontró con el amor sobrenatural de Dios el 23 de marzo de 1968. Desde entonces, su misión ha sido cambiar la manera como el mundo ve a Dios. Como autor de más de cuarenta libros y fundador y presidente de Charis Bible College, el sincero deseo de Andrew es hacer discípulos y enseñar verdades bíblicas con claridad y sencillez. Su programa de televisión *La Verdad del Evangelio* se transmite por todo el mundo. Andrew también es presidente de Truth & Liberty Coalition, una organización que tiene como propósito educar, unificar y movilizar a los creyentes para impactar la cultura y causar cambios que manifiesten la justicia de Dios en importantes cuestiones sociales.

Información para comunicarse con el ministerio

Andrew Wommack Ministries Inc.

PO Box 3333
Colorado Springs, CO 80934-3333

Correo electrónico: **info@awmi.net**

Línea de ayuda: **+1 719-635-1111**

Página en español: **awmi.net/español**

Página en inglés: **awmi.net**